Inhalt

Personalrisikomanagement - das Bedrohungspotenzial frühzeitig erkennen

Kernthesen

Beitrag

Fallbeispiele

Weiterführende Literatur

Impressum

Personalrisikomanagem[ent] - das Bedrohungspotenzial frühzeitig erkennen

Robert Reuter

Kernthesen

- Eine auf Nachhaltigkeit und strategische Unterstützung der Unternehmensführung ausgerichtete Personalarbeit sollte über die Risiken der personellen Ausstattung im Bilde sein.
- Mit einem Human-Resources-Risikomanagement erfüllt das Personalwesen die ihm immer mehr zuwachsende Rolle eines auch strategisch wichtigen Unternehmensbereichs.
- Fünf klassifizierte Risikogruppen helfen

dabei, das Gefährdungspotenzial übersichtlich abzubilden.

Beitrag

Humankapital als Risiko

Ein leer gefegter Arbeitsmarkt und der demografische Wandel machen Personalern heute schon das Leben schwer. Experten bringen darum seit rund zehn Jahren die Variante ins Spiel, den Personaleinsatz auch von seiner Risikoseite zu betrachten. Sich mit Personalrisiken zu beschäftigen, heißt zu fragen, welche Mitarbeiter man in Zukunft braucht (Engpassrisiko), wie man sie gewinnt und im Unternehmen hält (Austrittsrisiko), qualifiziert (Anpassungsrisiko) und motiviert (Motivationsrisiko). Eine vierte Kategorie ist das Loyalitätsrisiko, womit jene Gefährdungen für das Unternehmen gemeint sind, die von unzufriedenen Mitarbeitern ausgehen, die das Unternehmen gezielt schädigen wollen. (1), (2), (3)

Bestandteil der strategischen Unternehmensführung

Die umfassende Bewertung nicht nur von Ist und Soll ist Ausdruck der sich derzeit wandelnden Funktion des Personalwesens in den Unternehmen. Von der bloßen Instrumental- und Hilfs-Funktion entwickelt sich das Personalwesen immer stärker hin zu einem Personal- beziehungsweise Human-Resources-Management, das sich als integraler Bestandteil der strategischen Unternehmensführung versteht. Angeschoben wird der wachsende Stellenwert des Personalwesens durch die bevorstehende Personalknappheit. Sie macht es nötig, den Personalbedarf auch für die nicht unmittelbare Zukunft zu planen. Gleichzeitig muss eine strategische Personalplanung auch die Risiken kennen und Vorsorge treffen können. Über den in vielen Unternehmen üblichen Umgang mit Personalfragen, der sich meist auf die Lösung akuter Probleme beschränkt, geht ein strategisches Personalmanagement inklusive HR-Risikomanagement weit hinaus. (4)

Engpassrisiko: Wenn Stellen unbesetzt bleiben

Wie hoch das Engpassrisiko in Zukunft werden kann, zeigt die Situation des Großkonzerns Siemens. Bis 2020 werden dem Unternehmen Schätzungen zufolge rund 14 000 Mitarbeiter fehlen - wenn nicht frühzeitig gegengesteuert wird. Die Gründe dafür liegen natürlich zum einen im demografischen Wandel. Andererseits muss ein Unternehmen auch über die eigene Arbeitgeberattraktivität und über sein Employer Branding nachdenken, wenn sich die umworbene Klientel bevorzugt für Wettbewerber entscheidet. (1), (4)

Austrittsrisiko: Es droht der Verlust von Know-how

Unter Austrittsrisiko versteht man die Gefahr, durch arbeitnehmerseitige Kündigungen wichtiges Know-how zu verlieren. Gerade in kleinen und mittleren Unternehmen sind es oft das Wissen und die Fähigkeiten einzelner Kollegen, die für das Wohl des Unternehmens von existenzieller Bedeutung sind. Hat sich solch ein Leistungsträger verabschiedet, kann für das Unternehmen eine bedrohliche Situation entstehen, die sich oft nur durch einen hohen Kosteneinsatz kompensieren lässt. Ein Austrittsrisiko besteht jedoch auch als Folge des demografischen Wandels. Bei einer überalterten Belegschaft etwa kann es leicht passieren, dass mehrere Leistungsträger gleichzeitig in den Ruhestand wechseln. (4)

Anpassungsrisiko: Leistungsmanko infolge falscher Qualifikation

Anpassungsrisiken entstehen, wenn dem Unternehmen zwar quantitativ ausreichend Mitarbeiter zur Verfügung stehen, deren Wissen und Fähigkeiten jedoch nicht dem Anforderungsprofil entsprechen. Die Ursachen dafür sind vielfältig: Neue Mitarbeiter können falsch eingeschätzt worden sein, die Weiterbildung der Belegschaft wurde vernachlässigt, oder interne Umbesetzungen haben zu Fehlbesetzungen geführt. (4)

Motivationsrisiko: Eingeschränkte Leistungsbereitschaft verhindert den Erfolg

Lustlose Kollegen sind ein Problem fast jeden Unternehmens. Demotivierend wirken nach allgemeiner Kenntnis die Unter- und Überforderung von Mitarbeitern, ungerechte Entlohnungspolitik, autoritäre Personalführung und Perspektivlosigkeit. Motivationsmindernd kann sich aber auch der seelische Zustand auf den Mitarbeiter auswirken. Wie die Meldungen der Krankenkassen zeigen, zehren sich immer mehr Menschen an ihren Arbeitsplätzen so aus, dass sie an Burn-out-Syndromen und Depressionen erkranken. Dieser Diagnose geht meist eine längere Zeit voraus, in der sich der Betroffene lustlos mit seiner Arbeit quält. Ein vorausschauendes Personalrisikomanagement sollte darum auch die Arbeitsbelastung der Mitarbeiter im Auge haben, denn die Überforderung kann zum gesundheitlich bedingten Ausfall des Kollegen führen. (4)

Loyalitätsrisiko: Die Verletzung von Treuepflichten

Anders als beim Motivationsrisiko beschreibt das Loyalitätsrisiko die Gefahr der bewussten, zielgerichteten Schädigung des Unternehmens durch den Mitarbeiter. Untreue entsteht meist im Anschluss an eine längere Zeit der Demotiviertheit oder geht damit einher. Zur Vorbeugung kann ein Unternehmen gezielte Bindungsmaßnahmen ergreifen. Hat sich der Mitarbeiter schon zur Sabotage entschlossen, ist es allerdings schwierig, noch einmal zu einer vertrauensvollen Zusammenarbeit zu finden. (4)

Trends

Modifizierung in den Unternehmen

Das Personalrisiko-Modell mit seinen fünf klassifizierten Risiken gilt heute als von der Unternehmenswelt weitgehend akzeptiert - wenn auch nur selten praktisch angewendet. Ein Trend lässt sich insofern ausmachen, als dieses Modell nicht eins zu eins übernommen, sondern unternehmensspezifisch angepasst wird. Insbesondere hat die Wirtschafts- und Finanzkrise dazu geführt, dass sich der Risikogedanke auch im Personalwesen immer stärker verankert. Gegenüber der Situation vor zehn Jahren - als der Begriff Personalrisiko erstmals in die Diskussion eingeführt wurde - wird das Thema Experten zufolge heute fundierter diskutiert. Zugleich erhalten die Beiträge immer höhere Relevanz, da sie auf Praxisbeispielen fußen. Das große Potenzial des Personalrisiko-Ansatzes gilt dennoch als noch immer nicht ausgeschöpft. (5)

Fallbeispiele

Nachhaltige Personalarbeit in der Bremer Landesbank

Ein HR-Management, das nachhaltig und damit zukunftsgerichtet arbeitet, sollte auf die Einbeziehung der Risiken nicht verzichten. Gleichwohl besteht eine nachhaltige Personalarbeit auch aus weiteren Komponenten. So sollten die beiden Kernbegriffe Substanzerhalt und Substanznachschub als Zielkoordinaten angewendet werden. Nachhaltige Personalarbeit zielt auf den Erhalt und die Erweiterung personalisierter, das heißt physischer, psychischer, sozialer und intellektueller Leistungsfähigkeit. Die daraus resultierenden Handlungsfelder sind beispielsweise das betriebliche Gesundheitsmanagement, die Vereinbarkeit von Beruf und Familie, die interne und externe Personalrekrutierung - und eben das Personalrisikomanagement.

In dieser Hinsicht fortschrittlich agiert die Bremer Landesbank. Den Personalern des Kreditinstituts geht es darum, die Mitarbeitersubstanz des Unternehmens zu erhalten, andererseits darum, die Personalstruktur zu ergänzen und somit für Substanznachschub zu sorgen. Zugleich bemüht sich die Bank um die Substanzsteuerung. Für den Erhalt der Personalsubstanz wurden fünf Themenkreise festgelegt, die der Personalarbeit als Orientierung dienen sollen: Motivation und Commitment, Umgang mit Veränderungen, Kompetenzen und Qualifikationen, Bindung von Leistungsträgern sowie psychische und physische Belastbarkeit der Mitarbeiter. Auch das von mancher Seite als neumodisch empfundene Thema Employer Branding hat die Bremer Landesbank bereits für sich entdeckt. (6), (7)

Weiterführende Literatur

(1) Gegenlenken mit System
aus PERSONALmagazin, Heft 05/2012, S. 20

(2) Achtung, Personalrisiko!
aus PERSONALmagazin, Heft 05/2012, S. 12

(3) Der Engpass ist die größte Gefahr
aus PERSONALmagazin, Heft 05/2012, S. 16

(4) Gefahr erkannt, Gefahr gebannt
aus Personalwirtschaft, Heft 04/2011, S. 37-39

(5) Personalrisikomanagement und Personalcontrolling
aus CONTROLLER Magazin, Heft 6/2011, S. 60-63

(6) So nützlich ist nachhaltiges Personalmanagement
aus wirtschaft&weiterbildung, Vol. 20, Heft 05/2012, S. 14-16

(7) Lob der Nachhaltigkeit
aus Personalwirtschaft, Heft 11/2011, S. 42-43

Impressum

Personalrisikomanagement - das Bedrohungspotenzial frühzeitig erkennen

Bibliografische Information der deutschen Nationalbibliothek

Die Deutsche Nationalbibliothek verzeichnet diese Publikation in der deutschen Nationalbibliografie; detaillierte bibliografische Daten sind im Internet über http://dnb.d-nb.de abrufbar.

ISBN: 978-3-7379-0975-4

© 2015 GBI-Genios Deutsche Wirtschaftsdatenbank GmbH, Freischützstraße 96, 81927 München, www.genios.de

Alle Rechte vorbehalten. Dieses Werk ist einschließlich aller seiner Teile - z.B. Texte, Tabellen und Grafiken - urheberrechtlich geschützt. Jede Verwertung außerhalb der Grenzen des Urheberrechtsgesetzes bedarf der vorherigen Zustimmung des Verlags. Dies gilt insbesondere auch für auszugsweise Nachdrucke, fotomechanische

Vervielfältigungen (Fotokopie/Mikroskopie), Übersetzungen, Auswertungen durch Datenbanken oder ähnliche Einrichtungen und die Einspeicherung und Verarbeitung in elektronischen Systemen.